Willkommen

Ich heiße Dich herzlich willkommen in meinem neuen Heft schnelle deutsche Küche.

Viele von Euch haben sich ein Heft gewünscht, mit weiteren leckeren Mittagsgerichten die man kennt. Ich habe mir viele Gedanken gemacht, welche Rezepte ich als Nächstes für Dich zusammenstellen könnte. Da ist mir die Idee gekommen, das Thema "Deutsche Küche" aufzugreifen.

Du kennst bestimmt die Gerichte Rinderrouladen, Hühnerfrikassee, rote Grütze oder den gedeckten Apfelkuchen, traust Dich aber nicht an die Zubereitung dieser Gerichte heran. Daher habe ich für Dich 20 traditionell deutsche Gerichte auf meine Art und Weise für den Thermomix in diesem Heft zusammengefasst.

Zu jedem einzelnen Rezept findest Du einen QR-Code, der Dir das jeweilige Schritt-für-Schritt Video anzeigt. Dadurch kannst Du jedes Rezept bedenkenlos selber nachkochen. Zaubere somit für Deine Familie und Freunde ein leckeres Mittagsgericht oder auch ein leckeres Dessert auf den Tisch.

Ich wünsche Dir ganz viel Spaß beim Nachkochen und Nachbacken und vor allem aber einen guten Appetit.

Helena / ThermoTasty

INKLUSIVE VIDEO-VERKNÜPFUNGEN MIT QR-CODE

Zu jeder einzelnen Kreation gibt es zudem einen kurzen Film. Die Verlinkung zum Video findest Du bei jedem Rezept als QR-Code. Hast Du bereits einen QR-Code Scanner (aus dem Google Play Store) oder QR-Code Reader (aus dem Apple Store) auf Deinem Smartphone installiert? Wunderbar! Dann kannst Du sofort mit dem Scannen meiner QR-Codes loslegen und gelangst so direkt zum passenden Schritt-für-Schritt Video für das jeweilige Rezept! **(Apple bietet ab iOS 11 die Scanfunktion in der normalen Kamera an).**

Ansonsten lade Dir eine beliebige QR-Code App auf Dein Smartphone und sei nur noch einen „kleinen Klick" davon entfernt. Von uns ausgewählte QR-Code App findest Du unter:
www.thermotasty.de/qr-code

QR APP INSTALL

Lade Dir die QR-Code App herunter.
www.thermotasty.de/qr-code

Scanne den QR-Code aus dem Buch.

Jetzt kannst Du das Video abspielen.

Helena | Thermotasty

Ich höre auf den schönen Namen Helena und ich bin eine junge Mutter von zwei Kindern, sowie stolze Besitzerin eines Thermomix®. Irgendwann war ich die Suche nach alltagstauglichen Rezepten für diesen „Alleskönner" leid und entschloss mich dazu, meine eigenen Rezepte unter der Marke ThermoTasty auf die Beine zu stellen. Seitdem verfilme ich mit viel Spaß und Leidenschaft meine eigenen Rezeptkreationen und schreibe auch immer mal wieder Kochbücher für die Zubereitung von leckeren Gerichten im Thermomix®.

In meinen schnellen und effektiven Schritt-für-Schritt Videos zeige ich innerhalb von nur einer Minute, wie das Gericht mit dem Thermomix® zubereitet wird und dann zum Schluss – in voller Pracht – ausschaut!

ThermoTasty ist in der „Thermomix®-Szene" bereits äußerst bekannt und daraus auch gar nicht mehr wegzudenken! Jeden Tag werden innerhalb der ThermoTasty-Community und auf mehreren Social-Media-Kanälen etliche Rezeptvorschläge und Ideen ausgetauscht.

Wichtige Links

www.thermotasty-shop.de
Mein eigener Shop, wo Du die Möglichkeit hast, alle Produkte von ThermoTasty zu kaufen. Immer wieder gibt es exklusive Rabattaktionen auf ausgewählte Produkte.

www.thermotasty.de
Hier findest Du eine vielzahl an Schritt-für-Schritt Videos zu vielen meiner Rezepte. Außerdem kannst Du auf der Seite mein kostenloses E-Book mit 22 ausgewählten Alltagsrezepten herunterladen.

www.thermotasty.de/qr-apps
Hier findest Du die passende QR-App für Dein Smartphone. Einfach Dein System auswählen und eines von den Programmen installieren.

www.thermotasty.de/fb-club
Tritt unter dem Link zur meiner interne Facebook Gruppe bei und werde ein Teil von dem Alltagsrezepte-Club, um sich mit anderen über die Rezepte auszutauschen.

www.thermotasty.de/kochbuch
"Deine besten Alltagsrezepte", Bestseller in 2 Kategorien bei Amazon. Das Buch mit 60 ausgewählten Alltagsrezepten und Video Verlinkungen.

www.facebook.com/thermotasty
www.instagram.com/thermotasty
www.thermotasty.de/youtube
www.pinterest.com/thermotasty

Inhaltsverzeichnis

Hochzeitssuppe

Koch-/Backzeit
ca. 100 Minuten

Portionen
4 Portionen

Schwierigkeit
mittel

Zutaten:

Eierstich

- 3 Eier
- 60g Milch

Hackbällchen

- 1 Zwiebel
- 500g Hackfleisch

Brühe

- 1 Zwiebel
- 1 Karotte (grobe Stücke)
- 700g Hähnchenschenkel
- 1 Lorbeerblatt
- 1 Glas Stangenspargel (3cm breite Streifen)
- 80g Graupennudel
- 1 EL Dill
- 1 EL Petersilie

- 2200g Wasser
- Salz
- Pfeffer

Zubereitung:

Eierstich

1. Eier und Milch in den Mixtopf geben und **15 Sek./Stufe 4** - eine Schüssel einfetten, die Flüssigkeit hineingeben, mit Frischhaltefolie bedecken und in den Varoma stellen.
2. 700g kochendes Wasser in den Mixtopf geben, Varoma aufsetzen und **22 Min./Varoma/Stufe 1.**
3. Schüssel herausnehmen und abkühlen lassen.
4. Mixtopf spülen.

Hackbällchen

5. Zwiebel in den Mixtopf geben und **4 Sek./Stufe 6** - alles vom Mixtopfrand herunterschieben und **2 Sek./Stufe 6.**
6. Hackfleisch, Salz und Pfeffer zugeben und **1 Min./Knetstufe** - umfüllen.
7. Mixtopf spülen.

Brühe

8. Zwiebel und Karotte in den Mixtopf geben und **2 Sek./Stufe 5.**
9. Hähnchenschenkel, Lorbeerblatt und 1500g Wasser zugeben und **60 Min./100°/Linkslauf/Rührstufe.**
10. Aus der Hackfleischmasse kleine Hackbällchen formen und bis zur weiteren Verarbeitung in den Kühlschrank stellen.
11. Hähnchenschenkel aus dem Mixtopf nehmen und die Brühe durch ein feines Sieb geben und auffangen.

Video

Scanne den QR-Code mit Deinem Smartphone

12. Waage vom Thermomix aktivieren. Brühe wieder in den Mixtopf geben, mit Wasser auf gesamt 1600g Flüssigkeit auffüllen, mit Salz und Pfeffer würzen und weitere **20 Min./95°/Linkslauf/Stufe 1.**
13. **Nach 5 Minuten** die Graupennudel durch die Deckelöffnung zugeben.
14. **Nach 8 Minuten** die Hackbällchen durch die Deckelöffnung zugeben.
15. **Nach 19 Minuten** den Stangenspargel durch die Deckelöffnung zugeben.
16. Eierstich in kleine Würfel schneiden, Dill und Petersilie zugeben und unterrühren.

Linseneintopf

Koch-/Backzeit **ca. 25 Stunden**

Portionen **4 Portionen**

Schwierigkeit **mittel**

Zutaten:

- 250g Tellerlinsen
- 1 Knoblauchzehe
- 1 Zwiebel
- 2 Karotten (grobe Stücke)
- 60g Sellerie (grobe Stücke)
- 50g Porree (grobe Stücke)
- 20g Öl
- 300g geräucherter Kassler (kleine Würfel)
- 1 EL Gemüsebrühe
- 1 Lorbeerblatt
- 0,5 TL Thymian
- 1750g Wasser
- 350g Kartoffeln (mundgerechte Stücke)
- Salz
- Pfeffer
- 2 EL Balsamico-Essig
- 1 TL Zucker
- 1 EL Petersilie

Zubereitung:

1. Am Vortag: Tellerlinsen in eine Schüssel geben, mit 750g Wasser bedecken und über Nacht einweichen lassen.
2. Knoblauchzehe in den Mixtopf geben und **3 Sek./Stufe 8.**
3. Zwiebel zugeben und **4 Sek./Stufe 5** - alles vom Mixtopfrand herunterschieben.
4. Karotten, Sellerie und Porree zugeben und **3 Sek./Stufe 5.**
5. Öl zugeben und ohne Messbecher **3 Min./120/Stufe 1.**
6. Kassler, eingeweichte Tellerlinsen (abgetropft), Gemüsebrühe, Lorbeerblatt, Thymian und 1000g kochendes Wasser in den Mixtopf geben und ohne Messbecher **10 Min./98/Linkslauf/Stufe 1.**
7. Kartoffeln zugeben, den Gareinsatz als Spritzschutz auf den Mixtopfdeckel stellen und **20 Min./98/Linkslauf/Stufe 1.**
8. Salz, Pfeffer, Balsamico-Essig, Zucker und Petersilie zugeben und unterrühren.

Scanne de QR-
Code mit Deinem
Smartphone

senfeier

Koch-/Backzeit
ca. 45 Minuten

Portionen
4 Portionen

Schwierigkeit
einfach

Zutaten:

» 600g Wasser
» 2 TL Gemüsebrühe
» 800g Kartoffeln (halbiert)
» 10 Eier
» 40g Butter
» 30g Mehl
» 200g Milch
» 300g Garsud
» 70g Senf, mittelscharf
» Salz
» Pfeffer

» Schnittlauch zum Bestreuen

Zubereitung:

1. Wasser und Gemüsebrühe in den Mixtopf geben, Gareinsatz einhängen, Kartoffeln salzen und einwiegen. Varoma aufsetzen, Eier hineinlegen und **30 Min./Varoma/Stufe 1.**
2. Eier kalt abschrecken, die Kartoffeln warm stellen, Garsud auffangen und die Eier schälen.
3. Butter in den Mixtopf geben und **3 Min./100°/Stufe 1.**
4. Mehl zugeben und **3 Min./100°/Stufe 1.**
5. Milch, Garsud, Senf, Salz und Pfeffer zugeben, mit dem Spatel alles vom Mixtopfboden anheben und **6 Min./90°/Stufe 3.**
6. Eier halbieren, mit Kartoffeln und Senfsauce servieren und mit Schnittlauch bestreuen.

Video
Scanne den QR-Code mit Deinem Smartphone

Jägerschnitzel

Koch-/Backzeit
ca. 30 Minuten

Portionen
4 Portionen

Schwierigkeit
mittel

Zutaten:

Schweineschnitzel

- 4 Schweineschnitzel
- 100g Mehl
- 2 Eier
- 100g Paniermehl
- 100g Butterschmalz

Jägersauce

- 800g Wasser
- 500g Champignons (dünne Scheiben)
- 1 Zwiebel
- 60g Speckwürfel
- 20g Butter
- 15g Tomatenmark
- 1 TL Gemüsebrühe
- 200g Sahne
- Prise Thymian
- 10g Speisestärke
- 2 EL Petersilie

- Salz
- Pfeffer

Option

- Pommes

Zubereitung:

Schweineschnitzel

1. Schweineschnitzel waschen, trocken tupfen, flach klopfen und von beiden Seiten mit Salz und Pfeffer würzen.
2. In drei tiefe Teller jeweils Mehl, Paniermehl und Eier, verquirlt mit Salz und Pfeffer gewürzt hineingeben.
3. Zuerst je ein Schweineschnitzel von beiden Seiten in Mehl wenden, überschüssiges Mehl vorsichtig abklopfen.
4. Dann in den verquirlten Eiern wenden und überschüssiges Ei abtropfen lassen.
5. Zum Schluss das Schweineschnitzel von beiden Seiten in Paniermehl wenden.
6. Butterschmalz in einer Pfanne heiß werden lassen und die panierten Schweineschnitzel von beiden Seiten auf mittlerer Hitze goldgelb braten.

Die fertigen Schweineschnitzel warmhalten.

Jägersauce

7. 600g Wasser in den Mixtopf geben, Gareinsatz einhängen, Champigons im Gareinsatz und im Varoma verteilen und **17 Min./Varoma/ Stufe 1** - umfüllen, warm stellen und den Garsud wegkippen.
8. Zwiebel in den Mixtopf geben und **4 Sek./Stufe 6** - alles vom Mixtopfrand herunterschieben und **2 Sek./Stufe 6.**
9. Speckwürfel, Butter und Tomatenmark zugeben und **5 Min./120°/Stufe 1.**

Video

Scanne den QR-Code mit Deinem Smartphone

10. Gemüsebrühe, 200g Wasser, Sahne, Pfeffer und Thymian zugeben und ohne Messbecher **10 Min./100°/Linkslauf/Stufe 1.**
11. Speisestärke mit 2 EL Wasser in einer Schüssel vermischen.
12. Den Thermomix auf **5 Min./100°/Linkslauf/Stufe 1** stellen und die Speisestärke durch die Deckelöffnung in den Mixtopf zugeben.
13. Champignons und Petersilie zugeben und mit dem Spatel unterrühren.

Kartoffelsalat

Koch-/Backzeit
ca. 30 Minuten

Portionen
4 Portionen

Schwierigkeit
leicht

Zutaten:

» 500g Wasser
» 4 Eier
» 1000g Kartoffeln (festkochend, 4mm dünne Scheiben)
» 150g Gewürzgurken
» 1 Zwiebel
» 1 TL Senf, mittelscharf
» 30g Gewürzgurkenwasser
» 170g Mayonnaise
» Salz
» Pfeffer

» 1 Dose Wiener Würstchen

Warme Version

Hier findest Du ein Schritt-für-Schritt Video für die Variante vom warmen Kartoffelsalat.

Zubereitung:

1. Wasser in den Mixtopf geben, Gareinsatz einhängen, Eier hineinlegen, Varoma mit den Kartoffelscheiben aufsetzen, verschließen und **30 Min./Varoma/Stufe 1.**
2. Varoma zur Seite stellen und Garsud wegkippen. Eier kalt abschrecken und schälen,
3. Gewürzgurken in den Mixtopf geben und **8 Sek./Stufe 4** - in eine Schüssel umfüllen.
4. Zwiebel in den Mixtopf geben und **4 Sek./Stufe 6** - alles vom Mixtopfrand herunterschieben und **2 Sek./Stufe 6** - ebenfalls in die Schüssel zugeben.
5. Senf, Gewürzgurkenwasser, Salz und Pfeffer in einer separaten Schüssel miteinander verrühren und zu den Zwiebeln und Gewürzgurken in die Schüssel geben und alles gut verrühren.
6. Eier in kleine Würfel schneiden und zusammen mit den etwas abgekühlten Kartoffelscheiben in die Schüssel geben und vermischen.
7. Mayonnaise unterrühren.

Video

Scanne den QR-Code mit Deinem Smartphone

Bratkartoffeln

Koch-/Backzeit
ca. 30 Minuten

Portionen
4 Portionen

Schwierigkeit
mittel

Zutaten:

- 500g Wasser
- 1500g Kartoffeln (festkochend, 4mm dünne Scheiben)
- 2 Zwiebeln
- 125g Speckwürfel
- 60g Butterschmalz
- 40g Butter
- Salz
- Pfeffer
- Petersilie

Zubereitung:

1. Wasser in den Mixtopf geben, Varoma aufsetzen und die Kartoffelscheiben hineinlegen und **30 Min./Varoma/Stufe 1.**
2. Varoma zur Seite stellen und den Garsud wegkippen.
3. Mixtopf spülen.
4. Zwiebeln in den Mixtopf geben und **4 Sek./ Stufe 5** - alles vom Mixtopfrand herunterschieben und **4 Sek./Stufe 5.**
5. Speckwürfel in die Pfanne geben, etwas andünsten, dann die Zwiebeln zugeben, mitdünsten und aus der Pfanne nehmen.
6. Eine weitere Pfanne für diesen Schritt hinzunehmen. Je 30g Butterschmalz in beide Pfannen geben, heiß werden lassen und jeweils die Hälfte der Kartoffelscheiben in die Pfannen geben. Bei mittlerer Hitze die Kartoffelscheiben von beiden Seiten anbraten (nicht zu oft wenden). Die angebratenen Kartoffelscheiben aus der einen Pfanne in die andere Pfanne umfüllen.
7. Zwiebeln und Speck zugeben und unterrühren.
8. Butter zugeben und vorsichtig unterheben.
9. Mit Salz, Pfeffer und Petersilie würzen und verrühren.

Video
Scanne den QR-Code mit Deinem Smartphone

Kartoffelpuffer mit Apfelmus

Koch-/Backzeit **ca. 30 Minuten**	Portionen **4 Portionen**	Schwierigkeit **mittel**

Zutaten:

Apfelmus

- 800g Äpfel (Elstar)
- 40g Wasser
- 50g Zucker
- 10g Zitronensaft

Kartoffelpuffer

- 850g Kartoffeln (halbiert)
- 2 Zwiebeln (geviertelt, 100g)
- 2 Eier
- 60g Mehl
- Salz

- Öl zum Braten

Zubereitung:

Apfelmus

1. Äpfel schälen, vierteln, das Gehäuse entfernen und mit Wasser, Zucker und Zitronensaft in den Mixtopf geben und **11 Min./100°/Stufe 1.**
2. Im Anschluß **30 Sek./Stufe 5** - alles herunterschieben und **10 Sek./Stufe 5** - umfüllen.
3. Warm oder kalt zu den Kartoffelpuffern reichen.
4. Übergebliebenen Apfelmus kühl aufbewahren.

Kartoffelpuffer

5. Kartoffeln und Zwiebeln in den Mixtopf geben und **4 Sek./Stufe 5** - alles vom Mixtopfrand herunterschieben und **3 Sek./Stufe 5** - in ein Sieb umfüllen und abtropfen lassen.
6. Die abgetropften Kartoffeln und Zwiebeln, Eier, Mehl und Salz in den Mixtopf geben und **20 Sek./Linkslauf/Stufe 4** - umfüllen.
7. Mixtopf spülen.
8. Öl in eine Pfanne geben, so dass die ganze Fläche bedeckt ist und heiß werden lassen.
9. Je einen EL von der Masse in die Pfanne geben, platt drücken und bei mittlerer Hitze von beiden Seiten goldbraun braten.
10. Fertige Kartoffelpuffer auf ein Küchenpapier legen, so kann das restliche Öl etwas aufgesaugt werden.

Video

Scanne den QR-Code mit Deinem Smartphone

Käsespätzle

Koch-/Backzeit **ca. 30 Minuten**

Portionen **4 Portionen**

Schwierigkeit **mittel**

Zutaten:

Spätzle

- 4 Eier
- 400g Mehl
- 160g Wasser (Kohlensäure)

Röstzwiebeln

- 2 Zwiebeln (halbe Ringe)
- 30g Mehl
- 300g Öl

Käsesauce

- 100g Bergkäse
- 100g Emmentaler
- 1 Zwiebel
- 15g Öl
- 50g Sahne

- Salz
- Schnittlauch zum bestreuen

Zubereitung:

1. Bergkäse und Emmentaler in den Mixtopf geben und **10 Sek./Stufe 6** - umfüllen.
2. Zwiebel für die Käsesauce in den Mixtopf geben und **4 Sek./Stufe 6** - alles vom Mixtopfrand herunterschieben und **2 Sek./Stufe 6** - umfüllen.
3. Mixtopf spülen.

Spätzle

4. Eier und 1 TL Salz in den Mixtopf geben und **30 Sek./Stufe 4.**
5. Mehl und Wasser zugeben und **30 Sek./Stufe 4.**
6. Salzwasser in einem großen Topf zum Kochen bringen. Den Teig portionsweise mit einer Spätzlereibe in das kochende Wasser reiben. Sobald die Spätzle oben schwimmen, diese mit einem Sieb abschöpfen und in eine Schüssel geben.

Röstzwiebeln

7. Halbe Zwiebelringe mit Mehl vermischen und etwas salzen.
8. Einen kleinen Topf mit Öl heiß werden lassen, die bemehlten Zwiebeln zugeben (Achtung: Es kann aufschäumen). Unter ständigem Rühren frittieren, auf ein Küchenpapier legen und abtropfen lassen.

Käsesauce

9. Öl in eine Pfanne geben, die zerkleinerten Zwiebeln zugeben und andünsten.
10. Sahne zugeben, kurz aufkochen lassen und mit Salz würzen.
11. Zerkleinerten Käse zugeben, Spätzle obendrauf verteilen und umrühren.
12. Käsespätzle zusammen mit den Röstzwiebeln servieren und mit Schnittlauch bestreuen.

Hühnerfrikassee

Koch-/Backzeit **ca. 90 Minuten**

Portionen **4 Portionen**

Schwierigkeit **mittel**

Zutaten:

Hühnerbrühe
- 2 Karotten (grobe Stücke)
- 1 Zwiebel
- 1100g Hähnchenschenkel (halbiert)
- 1 Handvoll Petersilie
- 1 Lorbeerblatt

Gemüse/Beilage
- 300g Reis
- 3 Karotten (dünne Scheiben)
- 120g Champignons (dünne Scheiben)
- 150g TK Erbsen
- 1 Glas Stangenspargel (2cm Streifen)

Sauce
- 45g Butter
- 45g Mehl
- 550g Hühnerbrühe
- 100g Sahne
- 2 TL Zitronensaft
- 1 EL Petersilie
- Pfeffer

- Salz
- 2400g Wasser

Zubereitung:

Hühnerbrühe

1. Karotten und Zwiebel in den Mixtopf geben und **2 Sek./Stufe 5.**
2. Hähnchenschenkel, Petersilie, Lorbeerblatt und 900g Wasser zugeben und **50 Min./100°/Linkslauf/Rührstufe.**
3. Fleisch umfüllen, abkühlen lassen und die Brühe durch ein feines Sieb geben und auffangen.
4. Mixtopf spülen.

Gemüse/Beilage

5. Gareinsatz in den Mixtopf einhängen, Reis einwiegen, 2 TL Salz und 1500g Wasser zugeben und mit dem Spatel verrühren (Achtung: Reis muss 1 cm oberhalb mit dem Wasser bedeckt sein). Varomabehälter aufsetzen und mit Karotten sowie Champignons befüllen und **20 Min./Varoma/Stufe 1.**
6. Erbsen und Spargel in den Varomabehälter zugeben, vermischen und **10 Min./Varoma/Stufe 1.**
7. In der Zwischenzeit die abgekühlten Hähnchenschenkel vom Knochen lösen, dabei die Haut entfernen, in mundgerechte Stücke schneiden und in eine große Schüssel geben.
8. Den Inhalt des Varomas zum Fleisch in die Schüssel geben, den Reis warm stellen und die Garflüssigkeit wegkippen.

Video

Scanne den QR-Code mit Deinem Smartphone

Sauce

9. Butter in den Mixtopf geben und **2 Min./100°/Stufe 1.**
10. Mehl zugeben und **2 Min./100°/Stufe 1.**
11. Aufgefangene Hühnerbrühe, Sahne, Zitronensaft, Salz, Pfeffer zugeben und **4 Min./100°/Stufe 3.**
12. Die Sauce zum Fleisch und Gemüse in die Schüssel geben, Petersilie zugeben, verrühren und zusammen mit dem Reis servieren.

Königsberger Klopse

Koch-/Backzeit
ca. 40 Minuten

Portionen
4 Portionen

Schwierigkeit
mittel

Zutaten:

» 1 Zwiebel
» 2 Sardellenfilets
» 500g Hackfleisch
» 1 Ei
» 60g Kapern
» 30g Paniermehl
» 700g Wasser
» 1 Lorbeerblatt
» 1 EL Gemüsebrühe
» 800g Kartoffeln (mundgerechte Stücke)
» 40g Butter
» 40g Mehl
» 380g Garsud
» 200g Sahne
» Muskat
» Spritzer Zitronensaft
» Petersilie

» Salz
» Pfeffer

Zubereitung:

1. Zwiebel in den Mixtopf geben und **4 Sek./Stufe 6** - alles vom Mixtopfrand herunterschieben und **3 Sek./Stufe 6.**
2. Sardellenfilets zugeben und **3 Sek./Stufe 4.**
3. Hackfleisch, Ei, Salz, Pfeffer und 30g Kapern zugeben und **30 Sek./Knetstufe.**
4. Paniermehl zugeben und **30 Sek./Knetstufe.**
5. Aus der Hackfleischmasse 11 gleichgroße Klopse formen. Den Einlegeboden mit Backpapier auslegen und die Klopse hineinlegen.
6. Wasser, Lorbeerblatt und Gemüsebrühe in den Mixtopf geben, Gareinsatz einhängen, Kartoffeln salzen und einwiegen. Varoma aufsetzen und **30 Min./Varoma/Stufe 1.**
7. Klopse in eine flache Form umfüllen, Kartoffeln warm stellen und den Garsud dabei auffangen.
8. Butter in den Mixtopf geben und **2 Min./100°/Stufe 1.**
9. Mehl zugeben und **2 Min./100°/Stufe 1.**
10. Waage vom Thermomix aktivieren. Garsud (evtl. mit Wasser auffüllen), Sahne, Salz, Pfeffer und Muskat zugeben und **4 Min./100°/Stufe 3.**
11. Mit dem Spatel alles vom Boden des Mixtopfes anheben und **10 Sek./Stufe 8.**
12. 30g Kapern und Zitronensaft zugeben, unterrühren und die Sauce zu den Klopsen in die Form geben.
13. Mit Kartoffeln servieren und mit Petersilie bestreuen.

Video

Scanne den QR-Code mit Deinem Smartphone

Spargel mit Sauce Hollandaise

Koch-/Backzeit **ca. 45 Minuten**

Portionen **4 Portionen**

Schwierigkeit **mittel**

Zutaten:

- 1000g Spargel (frisch, geschält)
- 600g Wasser
- 0,5 TL Zucker
- 850g Kartoffeln (geviertelt)
- 155g Butter
- 2 Eigelb
- 0,5 EL Zitronensaft
- 30g Wasser
- Salz
- Pfeffer

Tipp:

Magst Du keine Sauce Hollandaise, serviere geschmolzene Butter zum Spargel. Tue die Menge an Butter in ein Gefäß, welches in den Varoma passt und stelle dies 7 Min. vor Ende der Garzeit mit in den Varoma.

Zubereitung:

1. Spargel gründlich schälen und die holzigen Enden abschneiden.
2. Wasser, 1 TL Salz und Zucker in den Mixtopf geben, Gareinsatz einhängen, Kartoffeln salzen und einwiegen. Varoma aufsetzen, die Hälfte vom Spargel hineinlegen und 15g Butterflocken verteilen, den Rest vom Spargel hineinlegen und wieder mit 15g Butterflocken belegen und **30 Min./Varoma/Stufe 1.**
3. Spargel und Kartoffeln warm stellen und den Garsud wegkippen.
4. 125g Butter in den Mixtopf geben und **2 Min./70°/Stufe 2** - umfüllen.
5. Rührafsatz einsetzen. Eigelb, Wasser, Salz und Zitronensaft und **1 Min./70°/Stufe 3.**
6. Den Thermomix auf **4 Min./70°/Stufe 3** stellen, die flüßige Butter auf den Mixtopfdeckel gießen und langsam am Messbecher in den Mixtopf reinfließen lassen - Messbecher nicht entnehmen.
7. Die fertige Sauce Hollandaise abschmecken und zusammen mit Kartoffeln, Spargel und Schwarzwälder Schinken servieren.

Video
Scanne den QR-Code mit Deinem Smartphone

Kassler mit Sauerkraut

Koch-/Backzeit
ca. 60 Minuten

Portionen
4 Portionen

Schwierigkeit
einfach

Zutaten:

» 1 Apfel (Sorte: Elster)
» 1 Zwiebel (halbiert)
» 15g Butter
» 1 Dose Sauerkraut (810g)
» 1 TL Gemüsebrühe
» 1 TL Zucker
» 300g Wasser
» 4 Stk. Wacholderbeeren
» 4 Pfefferkörner
» 1 Lorbeerblatt
» 850g Kasslernacken (1cm breite Scheiben)
» 1000g Kartoffeln (mehligkochend, kleine Würfel)
» 250g Milch
» 40g Butter (Zimmertemperatur)
» Salz

Zubereitung:

1. Apfel schälen, vierteln und das Gehäuse entfernen.
2. Zwiebel und Apfelstücke in den Mixtopf geben und **2 Sek./Stufe 5.**
3. Butter zugeben und ohne Messbecher **3 Min./120°/Stufe 1.**
4. Sauerkraut, Gemüsebrühe, Zucker, Wasser, Wacholderbeeren, Pfefferkörner und Lorbeerblatt zugeben. Varoma aufsetzen, Rühraufsatz hineinlegen und den Kasslernacken obendrauf verteilen. Einlegeboden aufsetzen, Kartoffeln verteilen und **45 Min./Varoma/Linkslauf/ Stufe 1.**
5. Varoma warm stellen und Sauerkraut umfüllen.
6. Rühraufsatz einsetzen. Milch zugeben und ohne Messbecher **4 Min./100°/Stufe 1.**
7. Kartoffeln, Butter und ein TL Salz zugeben und **15 Sek./Stufe 3.**

Info:

Der Kartoffelbrei enthält noch ein paar Stücken. So mögen wir ihn am liebsten.

Video

Scanne den QR-Code mit Deinem Smartphone

Ofenkassler mit Gemüse

Koch-/Backzeit **ca. 110 Minuten**

Portionen **4 Portionen**

Schwierigkeit **mittel**

Zutaten:

- 1 Zwiebel
- 4 Karotten
- 1300g Kasslernacken - ohne Knochen (mild geräuchert)
- 400g Sahne
- 1 Glas Chilisauce
- 500g Wasser
- 800g Kartoffeln (mundgerechte Stücke)
- 500g Brokkoli
- Salz
- Olivenöl
- Kräutersalz

Tipp:

Du kannst den Kasslernacken bereits einen Tag vorher im Backofen garen, im Anschluss in Scheiben schneiden und zurück in die Auflaufform legen. Am nächsten Tag machst Du dann die Chilisauce und stellst es dann für **20 Minuten bei 200°C Ober-/Unterhitze** in den Backofen.

Zubereitung:

1. Backofen auf **180°C Ober-/Unterhitze** vorheizen.
2. Zwiebel und 1 Karotte halbieren in eine Auflaufform legen und den Kasslernacken als ganzes Stück obendrauf legen und für **ca. 1,5 Stunden** in den Backofen stellen.
3. Rühraufsatz einsetzen. Sahne zugeben und **ohne Zeiteinstellung/Stufe 3** bis zur gewünschten Festigkeit der Sahne schlagen.
4. Chilisauce zugeben und **1 Min./Stufe 1** - umfüllen.
5. Mixtopf spülen.
6. Kasslernacken aus der Auflaufform nehmen, in Scheiben schneiden und die Karotten, Zwiebeln und den Sud wegkippen. Den in Scheiben geschnittenen Kasslernacken wieder in die Auflaufform legen, die Chili-Sahne-Sauce oben drauf verteilen und bei **200°C Ober-/Unterhitze ca. 20 Minuten** erwärmen.
7. Wasser in den Mixtopf geben, Gareinsatz einhängen, Kartoffeln salzen und einwiegen. Varoma aufsetzen, Brokkoli in kleine Röschen sowie 3 Karotten in dünne Streifen schneiden, hineinlegen mit Olivenöl und Kräutersalz würzen, verschließen und **25 Min./Varoma/Stufe 1.**

Video

Scanne den QR-Code mit Deinem Smartphone

Krustenbraten mit Rotkohl

Koch-/Backzeit
ca. 120 Minuten

Portionen
4-6 Portionen

Schwierigkeit
mittel

Zutaten:

Krustenbraten

- 2000g Schinkenkrustenbraten
- 1 Zwiebel
- 1 Bund Suppengrün
- 1 TL Kümmel
- 2 TL Gemüsebrühe
- 1 Flasche Vitamalz

Rotkohl

- 800g Rotkohl
- 2 Äpfel
- 1 Zwiebel
- 30g Butter
- 30g Apfelessig
- 180g Apfelsaft
- 2 Lorbeerblätter
- 4 Nelken
- 1 EL Zucker
- 1 EL Johannisbeergelee

Beilage/Sauce

- 1000g Kartoffeln (mundgerechte Stücke)
- 500g Sud (Auflaufform)
- 15g Speisestärke

- Salz
- Pfeffer
- 800g Wasser

Zubereitung:

Krustenbraten

1. Backofen auf **160°C Ober-/Unterhitze** vorheizen.
2. Die Schwarte beim Krustenbraten vom Fleischer rautenförmig einschneiden lassen.
3. Zwiebel und Suppengrün in grobe Stücke schneiden und in eine große Auflaufform legen.
4. Den Krustenbraten gut mit Salz, Pfeffer und Kümmel würzen und auf das Gemüse legen.
5. 200g Wasser mit Gemüsebrühe vermischen und in die Auflaufform geben und etwas über den Krustenbraten gießen und **90 Minuten** in den Backofen stellen. Alle 30 Minuten mit dem Sud übergießen.
6. Vitamalz um und etwas auf den Krustenbraten gießen und weitere **20 Minuten** backen.
7. Garprobe mit einem Holzstab machen.
8. Die Temperatur auf **250°C** erhöhen und den Krustenbraten weitere **10-15 Minuten** backen.
9. Den Krustenbraten aus der Auflaufform entnehmen und ca. 5 Minuten ruhen lassen und warm stellen

Rotkohl

10. Rotkohl halbieren, den Strunk sowie die Äußeren Blätter entfernen.
11. Je 400g Rotkohl in grobe Stücke schneiden, in den Mixtopf geben und mithilfe des Spatels **15 Sek./Stufe 4** - umfüllen.
12. Äpfel schälen, vierteln und das Gehäuse entfernen.
13. Zwiebel und stückige Äpfel in den Mixtopf geben und **2 Sek./Stufe 5.**
14. Butter zugeben und **3 Min./120°/Linkslauf/Stufe 1.**
15. Rotkohl zugeben, mit dem Spatel vermischen und Apfelessig, Apfelsaft, Lorbeerblätter, Nelken und Zucker zugeben und **40 Min./100°/Linkslauf/Stufe 1.**

Video

Scanne den QR-Code mit Deinem Smartphone

16. Messbecher entnehmen, den Gareinsatz aufsetzen und weitere **20 Min./100°/Linkslauf/Stufe 1.**
17. Johannisbeergelee zugeben und **3 Min./100°/Linkslauf/Stufe 1.**
18. Mixtopf spülen.

Beilage/Sauce

19. 600g Wasser in den Mixtopf geben, Gareinsatz einhängen, Kartoffeln salzen, einwiegen und **25 Min./Varoma/Stufe 1.**
20. Kartoffeln warm stellen und Garsud wegkippen.
21. 500g Sud aus der Auflaufform in den Mixtopf geben, Speisestärke mit 2 EL kaltem Wasser vermischen und ebenfalls zugeben und **4 Min./100°/Stufe 3.**
22. Sauce mit Salz und Pfeffer abschmecken, den Krustenbraten in Scheiben schneiden. Die abgefallene Kruste in einer Schüssel separat servieren.

Kohlroulade mit Kartoffelbrei

Koch-/Backzeit	Portionen	Schwierigkeit
ca. 80 Minuten	**4 Portionen**	**mittel**

Zutaten:

- 1 Kopf Weißkohl
- 2 Zwiebeln
- 500g Hackfleisch
- 1 Ei
- 50g Paniermehl
- 1 EL Petersilie
- 1 TL Senf, mittelscharf
- 30g Butterschmalz
- 300g Weißkohlwasser
- 1 Karotte (grobe Stücke)
- 60g Weißkohlreste
- 20g Öl
- 30g Tomatenmark
- 240g Bratensud
- 360g Wasser
- 1 EL Gemüsebrühe
- 1000g Kartoffeln (mehligkochende, kl. Würfel)
- 20g Mehl
- 250g Milch
- 30g Butter (Zimmertemperatur)

- Salz
- Pfeffer
- Muskat

Zubereitung:

1. Den Strunk vom Weißkohl herausschneiden, in gesalzenes kochendes Wasser geben und **ca. 20 Min.** kochen - in dieser Zeit lösen sich die Kohlblätter, evtl. mit einer Gabel vorsichtig nachhelfen. Die Kohlblätter in kaltes Wasser legen, herausnehmen und abtropfen lassen. 300g Weißkohlwasser aus dem Kochtopf abwiegen und zur Seite stellen.
2. 1 Zwiebel in den Mixtopf geben und **4 Sek./ Stufe 6** - alles vom Mixtopfrand herunterschieben und **2 Sek./Stufe 6.**
3. Hackfleisch, Ei, Paniermehl, Petersilie, Senf, Salz, Muskat und Pfeffer zugeben und **1 Min./Knetstufe.**
4. Bei jedem Kohlblatt vorsichtig den Stielansatz dünner schneiden (s. Video), mit der inneren Seite nach oben legen.
5. Einen EL von der Füllung mittig an das untere Ende vom Kohl geben. Kohl von unten über die Füllung klappen, dann die Seiten zuklappen und die Blätter von unten aufrollen. Kohlrouladen über Kreuz mit Bratengarn zusammenbinden.
6. Butterschmalz in der Pfanne heiß werden lassen. Die Kohlrouladen von allen Seiten anbraten und im Einlegeboden verteilen.
7. Weißkohlwasser vorsichtig in die Pfanne geben, kurz aufkochen, so lösen sich die Röstaromen, und den Bratensud zur Seite stellen.
8. 1 Zwiebel, Karotte und Weißkohlreste in den Mixtopf geben und **4 Sek./Stufe 6.**
9. Öl und Tomatenmark zugeben und **5 Min./Varoma/Stufe 1.**
10. Waage vom Thermomix aktivieren. 240g Bratensud (evtl. mit Wasser auffüllen) zugeben und **4 Min./ Varoma/Stufe 1.**

Video

Scanne den QR-Code mit Deinem Smartphone

11. 360g Wasser, Gemüsebrühe, 1 TL Salz und Pfeffer in den Mixtopf zugeben. Varoma mit den Kartoffeln, den Einlegeboden mit den Kohlrouladen aufsetzen, den Varoma schließen und **40 Min./Varoma/Stufe 1.**
12. Kohlrouladen in eine Form mit Deckel umfüllen und warm halten.
13. Mehl in den Mixtopf geben und **4 Min./100°/Stufe 3** - im Anschluss **15 Sek./Stufe 8.**
14. Die Sauce über die Kohlrouladen geben.
15. Mixtopf spülen.
16. Rühraufsatz einsetzen. Milch in den Mixtopf geben und ohne Messbecher **4 Min./100°/Stufe 1.**
17. Kartoffeln, Salz, Butter und Muskat zugeben und **5 Min./100°/Stufe 1.**

Rinderroulade mit Kartoffeln

Koch-/Backzeit **ca. 120 Minuten**

Portionen **4 Portionen**

Schwierigkeit **schwer**

Zutaten:

- 5 Rinderrouladen
- 2,5 Zwiebeln
- 3 Gewürzgurken
- 100g mittelscharfer Senf
- 10 Scheiben Schinkenspeck (Landrauchschinken)
- 30g Butterschmalz
- 100g Karotten
- 40g Sellerie
- 40g Porree
- 20g Butter
- 20g Tomatenmark
- 1 TL Rinderbrühe
- 1 Lorbeerblatt
- 1 EL Balsamico-Essig (dunkel)
- 1000g Kartoffeln (längs geviertelt)

- Salz
- Pfeffer

- Bratengarn
- Zuckerkulör

Zubereitung:

1. Rinderrouladen waschen und trocken tupfen.
2. Zwiebeln halbieren und in dünne Scheiben schneiden. Die Enden der Gewürzgurken entfernen und längs vierteln.
3. Die Rouladen von einer Seite mit Salz und Pfeffer würzen und mit zwei TL Senf bestreichen. Zwei Schinkenspeckscheiben, zwei geviertelte Gewürzgurkenscheiben sowie etwas Zwiebeln darauf verteilen. Die Seiten der Rouladen leicht zusammenklappen, aufrollen und mit Bratengarn fixieren.
4. Butterschmalz in der Pfanne erhitzen. Rouladen darin rundherum kräftig anbraten und im Varoma, sowie Einlegeboden verteilen.
5. Vorsichtig 300g Wasser in die Pfanne geben und kurz aufkochen. So lösen sich die Röstaromen vom Boden der Pfanne - Bratensud umfüllen.
6. Zwiebel, Karotten, Sellerie und Porree in den Mixtopf geben und **4 Sek./Stufe 6.**
7. Butter und Tomatenmark zugeben und **5 Min./Varoma/Stufe 1.**
8. Waage vom Thermomix aktivieren. Bratensud in den Mixtopf geben und mit Wasser auf 700g auffüllen. Rinderbrühe, Lorbeerblatt, Salz und Pfeffer zugeben, den Varoma aufsetzen und **60 Min./Varoma/Stufe 1.**
9. Varoma entnehmen, 200g Wasser und Balsamico-Essig dunkel in den Mixtopf zugeben. Gareinsatz einhängen, Kartoffeln einwiegen und evtl. einige im Varoma verteilen. Varoma mit Rouladen wieder aufsetzen und weitere **30 Min./Varoma/Stufe 1.**
10. Rouladen in eine flache Form umfüllen und zusammen mit den Kartoffeln warm stellen.

Video

Scanne den QR-Code mit Deinem Smartphone

11. Lorbeerblatt entnehmen, 160g Wasser zugeben und **15 Sek./Stufe 8** - Sauce über die Rouladen geben und zusammen mit den Kartoffeln servieren.

Tipp:

Wünscht Du die Sauce etwas dunkler, gebe einige Tropfen vom Zuckerkulör zum Schluss hinzu und rühre die Sauce gut um. So verleihst Du der Sauce einen dunklen Farbton.

Rote Grütze mit Vanilesauce

Koch-/Backzeit
ca. 24 Stunden

Portionen
6 Portionen

Schwierigkeit
einfach

Zutaten:

- 750g TK Erdbeeren
- 1 Glas Sauerkirschen
- 170g Zucker
- 50g Speisestärke
- 1 Pck. Puddingpulver "Vanille"
- 550g Kirschsaft
- Mark einer Vanilleschote
- 500g Milch
- 3 Eigelb
- 2 Pck. Vanillezucker

Zubereitung:

1. TK Erdbeeren in ein Sieb geben und diese in eine Schüssel hineinstellen.
2. Sauerkirschen in ein Sieb geben, abtropfen lassen, den Saft dabei auffangen und beiseite stellen.
3. Die Sauerkirschen zu den TK Erdbeeren zugeben und mit 20g Zucker bestreuen.
4. Mit Frischhaltefolie bedecken und über Nacht im Kühlschrank auftauen lassen.
5. 30g Speisestärke mit 4 EL aufgefangenen Kirschsaft in einer Schüssel verrühren.
6. Übrigen aufgefangenen Kirschsaft, 100g Zucker, Puddingpulver "Vanille" und 300g Kirschsaft in den Mixtopf geben und **10 Min./100°/Stufe 2.**
7. Den Thermomix auf **12 Min./100°/Stufe 3** stellen und die angerührte Speisestärke durch die Deckelöffnung in den Mixtopf geben und den Messbecher wieder aufsetzen.
8. Die Fruchtsauce umfüllen, mit Frischhaltefolie bedecken und über Nacht abkühlen lassen.
9. Mixtopf spülen und trocknen.
10. Vanilleschote längs aufschneiden und das Mark herausschaben.
11. 20g Speisestärke mit 2 EL Milch in einer Schüssel gut vermischen.
12. Milch, 50g Zucker, Eigelb, Vanillezucker, angerührte Speisestärke und Vanillemark in den Mixtopf geben und **10 Sek./Stufe 3.**
13. Vanilleschote zugeben und **15 Min./80°/Stufe 3.**
14. Vanilleschote entnehmen und die Vanillesauce durch ein feines Sieb streichen.
15. Mit Frischhaltefolie bedecken und abkühlen lassen.
16. Mixtopf spülen und trocknen.

Video

Scanne den QR-Code mit Deinem Smartphone

17. Rühraufsatz einsetzen. Die abgekühlte Fruchtsauce in den Mixtopf geben und **30 Sek./Stufe 3.**
18. Waage vom Thermomix aktivieren. Saft der aufgetauten Erdbeeren in den Mixtopf zugeben und mit Kirschsaft auf 150g auffüllen. Weitere 250g Kirschsaft zugeben und **30 Sek./Stufe 3.**
19. Die Erdbeeren und Kirschen aus dem Sieb in eine Schüssel umfüllen und die Fruchtsauce aus dem Mixtopf zugeben und verrühren.
20. Mixtopf spülen und trocknen.
21. Rühraufsatz einsetzen. Vanillesauce in den Mixtopf geben und **20 Sek./Stufe 3** - umfüllen.

Quarkspeise

Koch-/Backzeit
ca. 30 Minuten

Portionen
6 Portionen

Schwierigkeit
einfach

Zutaten:

» 2 D. Mandarinen
» 100g Mandelstifte
» 30g Honig
» 70g Zucker
» 2 Pck. Vanillezucker
» 200g Sahne
» 1 Pck. Sahnefest
» 500g Speisequark
» 150g Naturjoghurt

Zubereitung:

1. Mandarinen in einem Sieb abtropfen lassen.
2. Mandelstifte in einer Pfanne ohne Öl anrösten, etwas abkühlen lassen und mit dem Honig vermischen.
3. Zucker und Vanillezucker in den Mixtopf geben und **30 Sek./Stufe 10** - umfüllen.
4. Rühraufsatz einsetzen. Sahne und Sahnefest in den Mixtopf geben und **ohne Zeiteinstellung/ Stufe 3** - umfüllen.
5. Speisequark, Naturjoghurt und erstellten Puderzucker in den Mixtopf geben und **30 Sek./ Stufe 4.**
6. Geschlagene Sahne zugeben und **10 Sek./Stufe 3** - umfüllen.
7. Wie folgt das Dessert in Gläser schichten:
   Mandarinen
   Creme
   Honig-Mandelstifte
   Mandarinen
   Creme
   Mandarinen
   Honig-Mandelstifte

Video

Scanne den QR-Code mit Deinem Smartphone

Gedeckter Apfelkuchen

Koch-/Backzeit
ca. 24 Stunden

Portionen
26-Springform

Schwierigkeit
schwer

Zutaten:

Füllung

- 1200g Äpfel
- 50g Zucker
- Prise Zimt
- 40g Apfelsaft
- Spritzer Zitronesaft

Teig

- 300g Mehl
- 80g Zucker
- 1 Pck. Vanillezucker
- 1 Ei
- 1 TL Backpulver
- Prise Salz
- 200g Butter (kalt, in Stücken)
- 1 EL Paniermehl

Glasur

- 125g Zucker
- 30g Milch

Zubereitung:

Füllung

1. Äpfel schälen, vierteln und Gehäuse entfernen.
2. Je 600g Äpfel in den Mixtopf geben und **4 Sek./Stufe 4** - umfüllen und im Anschluss alle zerkleinerten Äpfel in den Mixtopf geben.
3. Zucker, Zimt, Apfelsaft und Zitronensaft zugeben und **6 Min./100°/Linkslauf/Stufe 1.**
4. Ca. 700g der Apfelmasse mit einem Sieb aus dem Mixtopf nehmen und den Rest weitere **3 Min./100°/Stufe 1** - im Anschluss **30 Sek./Stufe 5** und umfüllen.
5. Mixtopf spülen und trocknen.
6. Backofen auf **180°C Ober-/Unterhitze** vorheizen.

Teig

7. Mehl, Zucker, Vanillezucker, Ei, Backpulver, Salz und Butter in den Mixtopf geben und **20 Sek./Stufe 5** - den Teig auf die Arbeitsfläche legen und zu einer Kugel formen.
8. Mixtopf spülen.
9. Backpapier in die Springform klemmen und mit 1/3 vom Teig einen Deckel formen. Mit einer Gabel mehrmals einstechen. Die Springform lösen, Backpapier mit dem Deckel auf einen Teller legen und kühl stellen.
10. Boden und Rand der Springform einfetten, mit dem restlichen Teig den Boden auslegen und einen 4 cm hohen Rand ziehen. Mit einer Gabel den Boden mehrfach einstechen.
11. Paniermehl auf den Boden geben und verteilen.
12. Den Apfelmus und die stückigen Äpfel miteinander vermischen und auf den Boden verteilen.
13. Den Deckel auf die Füllung legen, mit leichtem Druck herunterdrücken und die Ränder zukleben.
14. Den gedeckten Apfelkuchen **ca. 60 Minuten** backen und komplett abkühlen lassen.

Video

Scanne den QR-Code mit Deinem Smartphone

Glasur

15. Zucker in den Mixtopf geben und **30 Sek./Stufe 10.**
16. Milch zugeben und **1,5 Min./Stufe 4.**
17. Die Zuckerglasur auf den Kuchen verteilen, trocknen lassen und servieren.

Mohnkuchen

Koch-/Backzeit **ca. 70 Minuten**

Portionen **26-Springform**

Schwierigkeit **mittel**

Zutaten:

Teig
- 300g Mehl
- 80g Zucker
- 1 Ei
- 1 Pck. Backpulver
- 180g Butter (kalt, in Stücken)

Streuseln
- 140g Mehl
- 70g Zucker
- 1 Pck. Vanillezucker
- 70g Butter (kalt, in Stücken)

Mohnfüllung
- 200g Mohn (trocken)
- 500g Milch
- 1 Pck. Puddingpulver "Vanille"
- 130g Zucker
- 1 Pck. Vanillezucker

Zubereitung:

Teig

1. Mehl, Zucker, Ei, Backpulver und Butter in den Mixtopf geben und **20 Sek./Stufe 5** - auf die Arbeitsfläche geben und eine Kugel formen.
2. Den Boden und den Rand der Springform einfetten, mit 2/3 vom Teig den Boden auslegen und mit den Fingern an den Boden andrücken. Mit dem Rest vom Teig einen 4 cm hohen Rand ziehen. Mit einer Gabel mehrmals den Boden einstechen und kühl stellen.

Streuseln

3. Mehl, Zucker, Vanillezucker und Butter in den Mixtopf geben und **20 Sek./Stufe 4** - umfüllen und kühl stellen.

Mohnfüllung

4. Mohn in den Mixtopf geben und **10 Sek./Stufe 10.**
5. Milch, Puddingpulver "Vanille", Zucker und Vanillezucker zugeben und **10 Min./90°/Stufe 2.**
6. Backofen auf **180°C Ober-/Unterhitze** vorheizen.
7. Die Füllung **ca. 10 Minuten** im Mixtopf quellen lassen, anschließend auf den Kuchenboden geben, und mit den Streuseln bedecken. Den Kuchen **ca. 35 Minuten** backen.
8. Den Kuchen komplett abkühlen lassen und dann aus der Springform nehmen.

Video
Scanne den QR-Code mit Deinem Smartphone

Notizen